पाप के दिन

पाप के दिन

राजकिशोर

वाणी प्रकाशन

वाणी प्रकाशन

4695, 21-ए, दरियागंज, नयी दिल्ली 110 002

शाखा

अशोक राजपथ, पटना 800 004

फ़ोन : +91 11 23273167 फ़ैक्स : +91 11 23275710

www.vaniprakashan.in
vaniprakashan@gmail.com
sales@vaniprakashan.in

PAAP KE DIN
by Raj Kishore

ISBN : 978-81-8143-147-9
Poetry

प्रथम संस्करण 2004
आवृत्ति 2018

मूल्य : ₹ 395

एम.एस प्रिंटर्स, दिल्ली-110 093 में मुद्रित

वाणी प्रकाशन का लोगो मक़बूल फ़िदा हुसेन की कूची से

श्री अशोक सेकसरिया को
जिन्होंने
हर कठिन समय में
मेरी हिम्मत बढ़ाई

क्रम

आत्मकथा

मुझे मरना था
किसी बड़े उद्देश्य के लिए
मैं मर मिटा
एक यूँ ही-सी चीज पर

मुझे जीना था
मुकम्मल बदलाव के लिए
मैंने अपने को जीते हुए पाया
औसत सुविधाओं
और चालू सुखों की खातिर

मुझे पढ़ना था
ताकि मैं कुछ अच्छा लिख सकूँ
मैंने इसलिए पढ़ा कि
विद्वान-सा दिखूँ

मुझे लिखना था
ताकि दुनिया को बता सकूँ
उसके बारे में
मैंने रात-रात भर जाग कर
कागज काले किये
लिखते हुए
अपने ही बारे में

यही है मेरी छोटी-सी
आत्मकथा

जो लोग मेरी अरथी उठाएँगे
वे मेरे बारे में
एक-दूसरे को क्या बताएँगे?

फर्क

सबने उसे देखा
बड़ा होते
नाम कमाते
दुनिया घूमते

सबने उसे देखा
अभावहीन चिंतामुक्त जीवन
जीते
सुख-सुविधाओं की सीढ़ियाँ
चढ़ते

पूर्णकाम होते

मैंने उसे पाया
शराब पी कर बुदबुदाते हुए :
मेरा कोई नहीं
इतनी बड़ी दुनिया में
मैं जानता हूँ
लोग मेरे पास क्यों आते हैं
लेकिन वे नहीं जानते
मैं उनके पास क्यों जाता हूँ

सबने उसे देखा
राजा के ड्रेस में
मैंने उसे पाया
भिखारी के वेश में

कसूर

मैंने जब भी गलतियाँ खोजीं
वे मुझे दूसरों में मिलीं

बुराई मुझे कैसे छू सकती थी
उसका जिम्मा दूसरों ने ले रखा था
अनगिनत थे वे
जिनमें से ज्यादातर को
मैं जानता तक नहीं था

मुकम्मल था मेरा शास्त्र
उसमें मेरे हर काम का औचित्य
पहले से ही लिखा हुआ था

दूसरे जो कर रहे थे
उसके पीछे स्वार्थ था
या फिर दुर्भावना
मैंने किसी का शोषण नहीं किया
जो भी मेरे पास आया
अपनी इच्छा से आया
मैंने उसे सिर्फ अवसर दिया
उसने महज कृतज्ञता ज्ञापित की

उन्मत्त मैं
अपने आपकी शराब पी कर
दुनिया को
हर तरह से सुंदर
बनाना चाहता था
वह नष्ट होती गयी
तो उसमें मेरा क्या कसूर था

नैतिक होना बेहतर होता

सफल होना जरूरी था

राजनीति

राजनीति,
सबने बताया,
हरजाई है
उसी ने यह दुनिया बनायी है
जिसमें सभी एक-दूसरे के दुश्मन हैं

राजनीति,
उसने विनम्रता से कहा,
आज का धर्म है
वही तुम्हें लौटाएगी
तुम्हारा ईश्वर
जिसकी नजरों में सभी
सचमुच बराबर हैं

वह
नष्ट होने से बच गया
एक अदना-सा कम्युनिस्ट था

दुख

बैठा हूँ
ऐसी ट्रेन में
जो कहीं नहीं ले जाती

तैर रहा हूँ उस नदी में
जिसका
कोई किनारा नहीं

रहता हूँ ऐसे घर में
जिसकी खिड़कियाँ खुली रहती हैं
पर जिनसे कोई झाँकता नहीं

जाता हूँ उन जगहों पर
जो मुझे
जस-का-तस
लौटा देती हैं

अपने इस दुख की उम्र
बताऊँ?
पूरे पचास बरस!

दुविधाएँ

सुर रहता है पास में
असुर बसता है साँस में
किसकी सुनूँ
किसकी न सुनूँ

दुख को पाया उजास-सा
सुख मिला उदास-सा
किसे चाहूँ
किसे न चाहूँ

अपनों ने जी बहलाया
परायों ने आईना दिखाया
किससे निबाहूँ
किससे न निबाहूँ

अपने साथ जीना बहुत बोझिल है
दूसरों के साथ जीना और भी मुश्किल है
कहाँ जाऊँ
कहाँ न जाऊँ

श्रेष्ठता

श्रेष्ठता को मैंने देखा है
इतिहास में नहीं
वर्तमान में

श्रेष्ठता को मैंने पाया है
कहीं दूर देश में नहीं
अपने ही आस-पास

दोस्तों में
संबंधियों में
जिनके साथ काम किया है
उनमें
और उनमें भी
जिनके साथ काम करने का
मौका नहीं मिला

ऐसे में
कैसे यकीन करूँ
उनकी बात पर
जो यह दावा करते हैं :
छोड़िए भी
होते हैं सभी एक जैसे

सभी मतलबी हैं
सभी को चाहिए पैसे

जिंदगी अगर सचमुच
इतनी गरीब होती
तो वह
प्रहसन के और ज्यादा
करीब होती

व्याकरण

विशेषण
से बचो
वह जितना बताता है
उससे ज्यादा छिपाता है

संज्ञाओं के पास जाओ
लेकिन यह याद रखते हुए कि
पहली मुलाकात में
वे अपने बारे में उतना ही बताती हैं
जितना हर किसी को मालूम है

सर्वनाम से तो मिलो ही मत
जब वह अपना ही न हुआ
तो किसी और का क्या होगा

बच गईं क्रियाएँ
तो वही तो जीवन हैं

जो भी क्रिया ठीक से की जाए
वह तुम्हें ले जाएगी
तमाम अन्य क्रियाओं की ओर

ऊर्जा रस दिशा
सब कुछ प्रदान करते हुए
इस हद तक कि
तुम अपने को पाओगे
इस महाप्रश्न के जबड़े में
कि करें तो क्या करें
और क्या न करें

जानना

तुम्हें
किस तरह जानूँ मैं?

वैसे जैसे
अन्य सभी जानते हैं तुम्हें?
लेकिन यह तो
तुम्हारा सार्वजनिक चेहरा है

या, वैसे
जैसे तुम अपने को जानती हो?
पर यह तो
तुम्हारा व्यक्तिगत चेहरा है

या, उस तरह
जैसे मैंने तुम्हें देखा है?
किन्तु इसमें मिलावट है
मेरी नजरों की

शायद इन सबसे परे भी
तुम कुछ हो
जो तुम्हारा असली चेहरा है

जिसका नमक
तुम्हारी हर अदा में झिलमिलाता है

वहाँ तक पहुँचने के लिए
तुम्हारा लोभ
छोड़ना पड़े
तो वह भी मंजूर है मुझे

डर

अधूरेपन से डरता हूँ
इसलिए
कुछ नहीं करता हूँ

जनमत की इतनी परवाह है
कि
सच कहने की
थोड़ी भी न चाह है

संबंधों में दरार न पड़े
यह सोच कर
अन्याय सह लेता हूँ बड़े-बड़े

भविष्य के बारे में सोच कर
घबराता हूँ
इसलिए वर्तमान को
स्वाहा करता जाता हूँ

प्यार

वह प्यार करने चला था
लेकिन
कामना से आगे नहीं जा सका

वह प्यार करना चाहता था
किन्तु
अपनी ही शर्तों से बँधा रह गया

वह प्यार कर रहा था
पर
समझ नहीं पा रहा था
कि चाहता क्या है

उसने प्यार किया था
और अब वह
बुरी तरह पछताता रहा था

दुनिया

मैंने भी देखी है दुनिया

गुजरा हूँ
हर तरह के अनुभव से
खूब-खूब भटका हूँ
मनुष्यता के बगीचे से
उसके जंगल के बीच
तरह-तरह के अन्याय सहे हैं
गालियाँ भी सुनी हैं
गरीबों के साथ दिन बिताये हैं
और अमीरों की सोहबत में रातें
सत्ता का शायद ही कोई रूप हो
जिसे मैंने नजदीक से नहीं देखा

खुशी का छिछोरापन देखा
तो दुख का मैल भी
गुस्से की नपुंसकता तो
कदम-कदम पर देखने को मिली

पुरुषों के पाप देखे
और देखीं स्त्रियों की सीमाएँ

बच्चों की दुष्टता तक
मेरी नजरों से बच नहीं पायी

फिर भी दोस्तो
हलफ उठा कर कहता हूँ
यह दुनिया सुंदर है
उससे कहीं ज्यादा सुंदर
जितनी यह कभी रही होगी

पैमाने

प्रेम दो तो इतना
कि
कुछ पाने की इच्छा न रह जाय

घृणा करो तो ऐसी
कि
शर्म से माथा झुक-झुक जाय

निकट आओ तो इस तरह
जैसे
पुण्य आता है कर्म की ओर

दूरी करो तो ऐसी
जिसे लाँघना
पाप से कम न लगे

मिलो तो ऐसे जैसे
बाढ़ का पानी हहराता है

बिछड़ो तो इस तरह
जैसे गाए जाने के बाद
गीत
मौन हो जाता है

साहस

सभ्यता के सारे तीर
छाती पर सहता हूँ

शहर के बीचोबीच
आदिवासी-सा रहता हूँ

नि:शब्द

हाँ, अब मैं कह सकता हूँ
मैंने तुम्हें प्यार किया था
जब हम एक-दूसरे से
इतनी दूर जा चुके हैं कि
दुबारा मिलने की संभावना तक नहीं है

तब यह कह पाना मुश्किल था
क्योंकि
इतनी बड़ी प्रतिबद्धता पर
हस्ताक्षर करते
हाथ काँपता था

प्यार था इसीलिए
जितना हो सका मैंने दिया
अपने को निचोड़ कर
और आह्लाद से भर कर
तुमने जो कुछ दिया
उसे लिया
स्वाभिमान छोड़ कर

प्यार
तुमने भी किया था

शायद मेरी ही तरह
शब्द
तुम्हें भी लगे होंगे
अवांछित

इसलिए नहीं कि
वे कम बोलते हैं
बल्कि इसलिए कि
वे ज्यादा बोलते हैं

चुप्पी

चुप रहता हूँ
इसका मतलब यह नहीं
कि
बोलने को कुछ नहीं है
लेकिन सभी से बोला नहीं जाता

यह उदासी नहीं
एक ऐसा दरवाजा है
जिसे हर किसी के लिए
खोला नहीं जाता

मुलाकात

मैं
उसका कोट देख रहा था
और वह
मेरी टाई

वह मेरा पद तौल रहा था
और मैं
उसका पैसा

मैं
उसके संपर्क आँक रहा था
और वह
मेरी पहुँच

वह
भाँपने की कोशिश कर रहा था
कि मैं कितना सुखी हूँ
और मैं
थाह रहा था
कि वह कितना दुखी है

हम दोनों दोस्त
बरसों के बाद मिले थे

और
बड़ी आत्मीयता
से बातें कर रहे थे

विलोम

दुनिया की बनावट
बदलने के लिए
मैंने क्या नहीं किया
बस अपनी बनावट पर
ध्यान नहीं दे सका

जगाता रहा दूसरों की अंतरात्मा को
मेरी अंतरात्मा
दिन में भी झपकी लेती रही

खोजता रहा हमेशा
कि कौन मेरे साथ है
अपने आपसे कभी नहीं पूछा
मैं किसके साथ हूँ

सारे सिद्धांत थे मेरे लिए
मैं किसी सिद्धांत के लिए नहीं था

लिंग भेद

लड़की
तू मेरे देखते-देखते
औरत बन गयी
और मैं
आदमी नहीं बन सका

छोकरे
तू जिंदगी भर
छोकरा ही रहेगा
तेरी इच्छाओं का
कोई अंत नहीं है

फिर भी कविता

जब संघर्ष की जरूरत हो
कविता लिखना अपराध है

फिर भी
लिखी जाती रहेगी कविता
यह बताने के लिए कि
संघर्ष किसके खिलाफ है

युद्ध में सिर्फ सैनिक नहीं होते
उनका मनोबल बढ़ाने
और उनकी गाथा लिखने के लिए
गायक और इतिहासकार भी होते हैं

निगाह

सृष्टि के सबसे सुंदर फूल पर
मेरी निगाह है

या, मेरी निगाह है
इसीलिए वह
सृष्टि का सबसे सुंदर फूल है

रिश्ता

मजदूर था
उसका घर
कारखाने से बहुत दूर था
यही कोई नौ-साढ़े नौ सौ किलोमीटर दूर

जब भी हाथ में कुछ पैसे आते
अपने दोस्त के साथ
वह चल देता मजदूरनी के पास

ऐसी-वैसी नहीं
अखबार वालों ने उसके लिए
एक नया शब्द बनाया था
सेक्स की मजदूरनी

वह भी दिल्ली में पैदा नहीं हुई थी
बहुत दूर से लाई गई थी
यही कोई पंद्रह-सोलह सौ किलोमीटर
उसी की तरह
कुछ बेगानों की जरूरत पूरी करने के लिए

दोनों एक-दूसरे को जानते थे
दर्द के इस रिश्ते को पहचानते थे

फिर भी
प्यार करने से पहले
खूब लड़ते-झगड़ते थे
मोल-भाव के दौरान
पाँच-पाँच रुपये के लिए अड़ते थे

प्रश्न

वह पाप की रात थी

मुझे उस शहर में नहीं जाना था
जहाँ वह रहती है
लेकिन मैं गया

उसे मेरे होटल में नहीं आना था
लेकिन वह आई

हम दोनों को बातचीत के बाद
अलग हो जाना चाहिए था
हम नहीं हुए

बंद कमरे में
रात बिताने से हमें बचना चाहिए था
हमने बचने की कोशिश तक नहीं की

वह पाप की रात थी
क्या सचमुच वह पाप की रात थी?

तसल्ली

यह गर्व तो कभी नहीं किया
कि मुझे सबसे साफ दिखता है
यह तसल्ली जरूर है
कि जो जैसा दिखा
उसे वैसा ही बताने की कोशिश की

इस अहंकार को
पास फटकने नहीं दिया कि
जो भी किया
ठीक ही किया
यह दावा जरूर है कि
जो भी किया
उसके पीछे कोई षड्यंत्र नहीं था

जिससे निभी
उससे निभाया
उससे ठनी रही
जिसने डराया
पर यह कभी नहीं हुआ
कि किसी को दुख दे कर सुख पाया

कला

प्रेम मैंने किया
प्रेम पर कविताँ आपने लिखी

संघर्ष हमने किया
संघर्ष पर कहानी आपने लिखी

दर्द हमने सहा
आप राजनीति करते रहे

हम जैसे थे
वैसे ही रहे
सारे पुरस्कार आपको मिले

फिर भी
हम आपसे नाराज नहीं
क्योंकि हम जानते हैं

होता है
ऐसा ही होता है
कला शायद ऐसे ही
काम करती है

पूर्ण

आपके लिए होगी
वह
एक अधूरी औरत

न्यूनतम कपड़ों में
अँटी हुई
कम खाते-खाते
रेशा-रेशा घटी हुई
छूटी हुई उस शिक्षा से
जो स्कूलों में दी जाती है
अपने पति, सास-ससुर और बच्चों की
बढ़ती जरूरतों में
सिमटी हुई
दुनिया-जहान में क्या हो रहा है
इससे अनभिज्ञ
(पर अप्रभावित नहीं)

मेरे लिए तो
वह एक पूर्ण व्यक्ति है

अपनी टेढ़ी-मेढ़ी झोपड़ी में
एक पूरा संसार रचाए हुए

अपने को अपने आपसे बचाए हुए
अपने प्रेम की चादर को
ज्यादा से ज्यादा निचोड़ कर
अपने लिए कम से कम संसाधन छोड़ कर
यह सोच कर नींद में जाती हुई कि
सुबह होने पर देखा जायेगा

बेशक हर तरह से अपूर्ण
लेकिन पूर्णता को फिर से परिभाषित करते हुए
जो हममें से सभी
अपने-अपने स्तर पर
करते ही रहते हैं

मेरी पत्नी

मेरी पत्नी सबसे अच्छी

आकर्षक स्त्रियाँ बहुत हैं
कुछ में जीवन है, कुछ बुत हैं
बुद्धिमती कुछ कलावंत हैं
कुछ में, मित्रो, गुण अनंत हैं

सबकी करूँ प्रशंसा, लेकिन
साथी तो फिर भी है साथी

ये हैं जीवन भर के नाते
जो तुलना करते दुख पाते
जीवन ज्यों-ज्यों चढ़ता जाता
प्रेम हमारा बढ़ता जाता

उसकी पीड़ा मेरी पीड़ा
वह मेरे सुख में सुख पाती

मैं ही कौन महान चीज हूँ
कभी-कभी तो बस गलीज हूँ
फिर भी वह मुझको सहती है
बहुत हुआ तो चुप रहती है

स्नेह अगर बेआँख न हो तो
उससे हममें ताकत आती

चाह यही, मैं होऊँ उसका
वह मेरी आलोचक सच्ची

मेरी पत्नी सबसे अच्छी

मेरा देश

मेरा देश बुश के देश जैसा न हो
जिसके पास दूसरों को देने के लिए
डर है या डॉलर
न हो स्वर्गीय स्टालिन के देश की तरह
जिसे सबसे खूँखार विरोधी
दिखते थे अपने ही नागरिक

मेरा देश क्यों हो
चीन की तरह
जहाँ मुँह में रोटी ठूँस कर
कहा जाता है चुप रहो
या जापान की तरह
जिसकी समृद्धि की कूबड़
बताती है कितने नीचे तक झुक कर
रोज कितने घंटे
श्रम किया गया होगा

थाईलैंड की तरह तो
हो ही न यह
जहाँ लिपे-पुते मांस की कीमत
फ्रीजर से निकाले गए मृत मांस की कीमत से भी
कम होती जाती है

मेरा देश न हो फ्रांस की तरह आत्ममुग्ध
या जर्मनी की तरह स्वल्प समाजवादी
हरगिज हरगिज नहीं ग्रेट ब्रिटेन की तरह
किसी का पिछलग्गू

फिर कैसा हो मेरा देश
क्षमा करें
इस बारे में जो भी कहूँगा
उस पर तुरंत पछतावा होने लगेगा
क्यों कही क्यों कही
इतनी अधूरी बात

इतना जरूर है कि वह अभी जैसा है
उसे उसी रूप में स्वीकार कर लेना
देशद्रोह से कम नहीं जान पड़ता

कब तक

तुम अपनी पलकें उठाती हो
तो दुनिया को देखने के लिए नहीं
यह जानने के लिए कि
इस सारे प्रपंच में तुम कहाँ हो

तुम्हारा मौन
किसी की उपेक्षा नहीं है
जहाँ तक मुझे दिखाई देता है
वह है अपनी अगाधता की शांत सैर

जब तुम बोलती हो
तो अपने आपको उतना ही खोलती हो
जितना सृष्टि अपने रहस्य को प्रगट करती है

सुंदर है
यह सब सुंदर है

लेकिन
ऐसे कब तक चलेगा
प्यारी

इसलिए

क्योंकि
ईश्वर की मौत हो चुकी है
और उसका कोई उत्तराधिकारी दिखाई नहीं देता

क्योंकि
बहुमत से मान लिया है कि
नैतिकता एक संदिग्ध शब्द है

क्योंकि
कानून को धता बताना
कोई मुश्किल काम नहीं है
रात से ज्यादा दिन में होता है यह

क्योंकि
जिसे कहते हैं
समाज का वायुमंडलीय चाप
वह इन दिनों शून्य के काफी निकट आ गया है

इसलिए
आप कुछ भी कर सकते हैं?

या,
मैं कुछ भी कर सकता हूँ?

किस शहर में

मैं एक ऐसी बस में चढ़ना चाहता हूँ
जिसमें बैठने की जगह आसानी से मिल जाए

चाहता हूँ एक ऐसी सड़क पर चलना
जिस पर बरसों से
कोई दुर्घटनाग्रस्त लाश न देखी गई हो

एक ऐसे मकान में रहना चाहता हूँ मैं
जिसका किराया
मेरी आय के दस प्रतिशत से अधिक न हो

लैंप की रोशनी में पढ़ने का चाव है मुझे
बशर्ते बिजली आँखमिचौनी न खेले

चाहता हूँ उस नल के नीचे नहाना
जिसमें बैठी हुई पानी की धार
बदन सूखने तक बनी रहे

ऐसी हवा में साँस लेना
जिसमें रोगों का आमंत्रण न हो

नगरपालिका द्वारा प्रेषित
ऐसा जल चाहिए मुझे
जिसे पीने के पहले उबालना न पड़े

मेरी बड़ी ख्वाहिश है
सरकारी दफ्तरों के बाहर
एक ऐसा लेटर बॉक्स देखने की
जिसमें डाली गयी चिट्ठियों का जवाब
ज्यादा से ज्यादा हफ्ते भर में मिल जाए

चाहता हूँ मैं कोई ऐसा अखबार पढ़ना
जिसमें स्त्रियों की तीन-चौथाई नग्न तसवीरें न हों
टीवी पर ऐसे कार्यक्रम देखना
जिनका आनंद लेने के लिए
दर्जनों विज्ञापनों से गुजराना न पड़े

मेरे मंत्रियो-नेताओ-अफसरो
तुम सब मिल-जुल कर बताओ
इसके लिए
मुझे देश के किस शहर में बसना चाहिए

मौसम

मौसम बदल रहा है

पिताओं के बुरे दिन हैं
पत्नियों का डर बढ़ गया है
प्रेमिकाओं में धैर्य नहीं है

मौसम मचल रहा है

बेटियाँ आजादी चाहती हैं
बेटे घर नहीं लौटना चाहते
प्रेम टिकना नहीं जानता

मौसम उबल रहा है

चारों ओर असंतोष है
जो है, जैसा है, उसी पर रोष है
मुझमें कोई कमी नहीं
दूसरों में दोष ही दोष है

फैसला

उसे कहीं जाना नहीं था
फिर भी
वह तेज-तेज चल रहा था

उसे कहीं टिकना नहीं था
लेकिन वह
उठने का नाम ही नहीं ले रहा था

वह उत्तर की ओर जाना चाहता था
पर उसका मुँह
दक्षिण की ओर था

वह जीवन की गहराई को नापना चाहता था
पर उछल-उछल कर
सतह पर आ जाता था

क्या यह
सिर्फ विपरीत का आकर्षण था?
या, उसके सपने
और सच्चाई का
द्वंद्व?

छोड़िए भी

जरूरी तो नहीं कि
सारा फैसला
आज ही कर लिया जाये

फिर हमीं कौन
दूध के धुले हैं

संबंध

माफ कीजिए
मैं हिंदू नहीं हूँ
फिर भी मुझे मतलब है
कि मंदिर कैसे बनाया जाता है

मुसलमान भी नहीं हूँ मैं
लेकिन जब
कोई मस्जिद गिरायी जाती है
तो मैं भी गिर जाता हूँ

किसी धर्म को
खतरे में बता कर
कोई बम फूटता है
तो सबकी चीख में
मेरी चीख भी शामिल होती है

तुम्हारा ईश्वर तुम्हें सुखी रखे
मैं उसे
अपने दुख बढ़ाने की
इजाजत नहीं दे सकता

आप भी

खानखाना साहब
दुरुस्त फरमाया था आपने

अपनी बिथा
मन ही में छिपा कर रखना
उचित है
सुन कर लोग सिर्फ इठलाएँगे
कोई बाँट नहीं लेगा

फिर भी
यह तो बताइए
क्या सचमुच
आपको कोई ऐसा नहीं मिला
जिससे आप अपना दुख बाँट सकें

क्या आप भी
मेरी तरह अभागे थे

डॉक्टर

मैंने कहा
बुखार है
उसने सुना
संसार है
संसार से घबराओ क्यों

मैंने कहा
बदन दुखता है
उसने सुना
वतन चुभता है
वतन पे ताव खाओ क्यों

मैंने कहा
लगती नहीं है भूख
उसने सुना
लीं सबने आँखें मूँद
यह देख कर दुख पाओ क्यों

दोस्त

मैं बहुत चिंतित था उस दिन, बिल बकाया थे कई
जो नहीं चुक पाए तो तय था मेरी इज्जत गई

साल भर से दे न पाया था किराया फ्लैट का
रोज धमकी दे रहा था फ्लैट का मालिक कि जा

कह-कहा कर बिजली को कटने से रोका था अभी
तय था कटना फोन का जो बिल न चुक पाए सभी

ड्राइवर ने भी न तनखा पाई थी दो माह से
फिर भी आ जाता था वो प्रातः बड़े उत्साह से

चाय पी, पेपर पढ़े, उससे कहा, आओ, चलें
बढ़ रही थी फिक्र ये दुश्वारियाँ कैसे टलें

पहले दस्तक दी करीबी दोस्त शर्मा के यहाँ
उसने सोचा कुछ पलों तक, फिर कहा, पैसे कहाँ

कल ही लाया नोकिया का खूबसूरत सेट यह
खरे से मिल लो, पिलाता आजकल है खूब वह

कार मुड़वाई खरे की ओर, वो घर पे न था
उसकी बीवी लगी रोने, कर्ज डेली बढ़ रहा

भाई साहब, आप भी तो इनको समझाते नहीं
पी के जब तक धुत नहीं हो जाते, घर आते नहीं

अब बचा मिर्जा – वही, चलती थीं जिसकी टैक्सियाँ
शायरी का शौक, कवियों से थीं उसकी दोस्तियाँ

देखते ही खिल उठा, बैठाया, फिर मँगवाई चाय
शे'र कुछ ताजा सुनाए उनपे पूछी मेरी राय

उड़ रही थीं मक्खियाँ चेहरे पे मेरे, देख कर
हो गया संजीदा, बोला, बात क्या है, पार्टनर

आ गया मैं झट विषय पर और वह हँसने लगा
मेरी सूखी जान में उम्मीद का सोता जगा

बोला, पैसे तो हैं लेकिन यार जाओ मुझको भूल
दोस्तों को कर्ज देना है नहीं मेरा उसूल

मैंने देखा है कि वापस पैसे तो आते नहीं
दोस्त भी काफी दिनों तक शक्ल दिखलाते नहीं

अब कहाँ जाऊँ, मैं अपने आपसे कहने लगा
इस शहर में कौन बैठा है मेरा अपना सगा
दोपहर हो आई थी, इक ढाबे पे रुकवाई कार
ड्राइवर से बोला, आओ, साथ ही खाते हैं यार

खा रहा था मैं अगरचे दिल मेरा बेजार था
ड्राइवर ने बोलना चाहा, मगर बेकार था

फिर अचानक पब्लिशर की याद आई, क्यों नहीं
देख लूँ उसको भी शायद बात बन जाए वहीं

गर्मजोशी से मिला वह, घंटों बतियाता रहा
बीच में कोई न कोई आता व जाता रहा

चलने से पहले जो छेड़ी मैंने रॉयल्टी की बात
बोला वह, शर्मिंदा हूँ मैं, आज है तारीख सात

सैलरी इस्टाफ को देनी है मुझको शाम तक
अगले हफ्ते आइए दे दूँगा चेक मैं बिला शक

चेहरे पर फैले थे सो आँखों में आँसू थे नहीं
डर रहा था कार में ही गिर न जाऊँ मैं कहीं

कनखियों से देख बूढ़ा ड्राइवर कहने लगा
सर, मुआफी दें तो पूछूँ हो गयी है बात क्या

कार घर तक आ गई, मुझसे न कुछ बोला गया
जख्म बिलकुल ताजा था, मुझसे नहीं खोला गया

उतरने को था कि इक मुचड़ा लिफाफा सौंप कर
कहा उसने, कुछ दिनों के वास्ते रख लें ये, सर

पाँच हैं, था गाँव भिजवाना, मगर हो जाएगा
छोटा बेटा जा रहा है मार्च में, दे आएगा

खुलना

ऐसे मत खुलो
जैसे ताश का पत्ता खुलता है

या खुलता है
कारखाना दफ्तर
अथवा डिपार्टमेंटल स्टोर

वैसे भी नहीं
जैसे शब्द खुलता है
कविता में

या जीवन का कोई अध्याय
जी लिए जाने के बाद

खुलना बहुत जरूरी लगे
तो ऐसे खुलो
जैसे खुलती है देह
अभिसार के दौरान
या मनुष्य खुलता है
ईश्वर के सामने

या जैसे
नदी खुलती है
पहाड़ से उतरते हुए

आशिक

फोन पर फोन किए जाए है
मेरा आशिक बहुत सताए है

क्या करूँ क्या नहीं करूँ या रब
खुद भी रोए मुझे रुलाए है

दिल तो आता नहीं है पर उसके
प्यार करने पे प्यार आए है

अब तो हद तोड़ने लगा है वो
दोस्त के घर मुझे बुलाए है

उसके धोखे में मैं आ जाऊँ तो
कौन फिर किसका नाज उठाए है

चाहे जाने में सुख है चलने दो
खेल जब तक ये चलता जाए

उम्मीद

उम्मीद
तुमसे भी करूँगा
दुनिया

बल्कि
उम्मीद तो
तुम्हीं से है

बच्चा
आखिर
जननी के पास ही जाता है
अपनी वेदना ले कर

फिर
मेरी हैसियत ही क्या है
एक टूटा-फूटा
अदना-सा भारतीय

उम्मीद तो
तुम्हीं से है
लेकिन
उम्मीद करने की
थोड़ी भी पात्रता

जुटा सकूँ
इसके लिए आवश्यक है
मैं पहले
अपने आपसे
कुछ उम्मीद कर सकूँ

मेरी दुनिया
हो सके तो
फिलहाल
इसी में
मेरी थोड़ी मदद करो

नाता

हीरा होता खान में
लाली होती पान में
तुम मुझमें होती हो

जल होता है गागर में
नदी होती है सागर में
मैं तुममें होता हूँ

छाँह होती है आँचल से
वर्षा होती है बादल से
मैं तुमसे होता हूँ

माया मरती है ज्ञान से
प्रेम मरता अभिमान से
मैं तुमसे मरता हूँ

शांति

नेता कहता है
शांति बनाए रखिए

जिलाधिकारी चीखता है
कानून-व्यवस्था बनाए रखना
मेरी जिम्मेदारी है

थानेदार गुर्राता है
एक-एक खुराफाती को देख लूँगा

मैं अचरज में डूब जाता हूँ
इतना अन्याय ऐसा दमन
इतना अभाव ऐसी विषमता
फिर भी
कैसी शांति
कितना सन्नाटा

क्या लोगों को साँप सूँघ गया है
या आघात सहते-सहते
कुंद हो गई है
उनकी संवेदना
या जान का डर
बढ़ गया है

कुछ ज्यादा ही
इन दिनों

लुप्त हो गए होंगे
महा आख्यान
लघु आख्यानों की राह में
कौन-सी बाधा है

दूरी

सुबह मिलना
तो शाम को न मिलना
शाम को मिलना
तो देर रात तक साथ न रहना
दूरी रखना

फोन करना
तो चिट्ठी न लिखना
चिट्ठी लिखना
तो ट्रेन में न बैठ जाना

दूरी रखना

भेंट होते ही चूम न लेना
चूम ही लिया
तो बाँहों में न ले लेना
बाँहों में ले लिया
तो ... तो
काफी समय तक निस्पंद रहना
दूरी रखना

तुम्हें भी पता है
और मुझे भी
हमें एक-दूजे से क्या चाहिए

दूरी
हर चीज में
कुछ और मिठास भर देगी
समृद्ध होते हुओं को
समृद्धतर कर देगी

हमारे कम्युनिस्ट

मार्क्स और लेनिन की
शिक्षाएँ भूल गए
सत्ता की फाँसी पर
खुशी-खुशी झूल गए

क्रांति का इरादा था
क्या पवित्र वादा था
थोड़ा-सा चंदा ले
अपने पर फूल गए

स्वयं रूस में मिले
बेटे यू.एस. निकले
ऊँचे सिद्धांत सब
जल्द ही फिजूल गए

गर्व गर बचा कहीं
सेकुलर छूटा नहीं
सूक्ष्म की तमन्ना थी
होते (अ) स्थूल गए

मार्क्स और लेनिन की
शिक्षाएँ भूल गए

हमारे समाजवादी

लोहिया की मौत के साथ ही
बुझ गए हमारे समाजवादी
जैसे बिजलीघर बैठ जाने पर
बुझ जाते हैं लट्टू और ट्यूब

अब वे कहीं भी मिल जाते हैं
यथास्थितिवादियों के बीच
लफंगे उद्योगपतियों के साथ
गुंडों का नेतृत्व करते हुए
अध्यात्म की उबासियाँ लेते हुए

यहाँ तक कि
सांप्रदायिकता के घूरे पर
पलते हुए कीटाणुओं की भीड़ में भी

नहीं मिलते,
तो अपनी पार्टी में नहीं मिलते
जो है
तो पता नहीं किधर है

देश को बनाने चले थे
अपने को भी नहीं बना पाए
हमारे समाजवादी

कम्युनिस्टों की आलोचना करते-करते
उनसे भी बुरे पाए गए
हमारे समाजवादी

हम दोनों

मैंने रचा एक शब्द
अपनी प्यारी हिन्दी में
फिर उसे अंग्रेजी को दे दिया
ताकि अपनी बिरादरी में
सिर उठा कर चल सकूँ

उसने उठाया एक शब्द
अपनी न्यारी अंग्रेजी से
फिर उसे हिंदी को दे दिया
ताकि अपनी बिरादरी में
सिर उठा कर चल सके

हम दोनों
दरअसल
एक ही मर्ज के शिकार हैं

गुप्त प्रेम

गुप्त प्रेम
एक उजड़े हुए शहर में
हरा-भरा पेड़ है
जो अपनी किस्मत पर
रह-रह कर सिसकता है

जब आप चारों ओर से घिर जाते हैं
गुप्त प्रेम
आपको अपने अंक में ले कर
आपके दुख का एक-एक कतरा बीन लेता है
फिर इतनी बड़ी दुनिया में
अकेला छोड़ देता है

जितना जीवन देता है
उससे ज्यादा छीन लेता है
गुप्त प्रेम

वह झाड़ियों में छिपा हुआ भेड़िया है
जिसे मानव रक्त का
चस्का लग चुका है
आता है कमरे में
संकोची अतिथि की तरह

फिर ढीठ रिश्तेदार की तरह
जाने का नाम नहीं लेता

किसी निर्दयी सूदखोर की तरह
बढ़ाता ही जाता है
कर्ज की रकम
जब तक आप
सबके सामने नंगे नहीं हो जाते

गुप्त प्रेम
सबकी नजरें बचा कर
अँधेरे में खिलता है
फिर भी उसकी ताकत तो देखो
गाँव से शहर तक
सभी जगह मिलता है

घर

यह देश मेरा नहीं है
इसे तरह-तरह के गुंडों ने
आपस में बाँट रखा है

यह समाज मेरा नहीं है
इस पर पूर्वग्रहों और पश्चिमग्रहों का
राज है

यह दफ्तर मेरा नहीं है
यहाँ मैं अपने आपको
बेशर्मी से बेचता हूँ

यह घर मेरा है
यहाँ मेरी तानाशाही चलती है
जो कहता हूँ वही होता है
जो नहीं सुनता वह रोता है

करनी

संयोग ने
हमें मिलाया

हमने अपनी करनी से
एक-दूसरे को गँवा दिया

कौमार्य

पिछले साल
कई महीनों की
अधीर प्रतीक्षा के बाद
एक पुराने सहपाठी से
उधार लिए गए कमरे में
सात बज कर पचपन मिनट पर
जो टूटा था वह कौमार्य ही था

वह नहीं
जो जिंदगी में एक ही बार टूटता है

बल्कि वह
जो हर नए प्रेम के साथ
बार-बार टूटता है
और बार-बार जन्म लेता है

अगर तुम लंपट नहीं हो

उसके बारे में

उसकी आँखों के बारे में
कुछ नहीं कहूँगा
न उसकी उँगलियों के बारे में

उसके चलने की लय के बारे में
कुछ कहना तो
और भी मुश्किल है

जब वह बोलती है तो
पर छोड़िए
क्या इस बारीकी में जाना जरूरी है

असल चीज है वह आभा
शब्दकोश में जिसके
अनेक पर्याय मिलते हैं
जैसे दीप्ति कांति
द्युति प्रकाश शोभा

लेकिन क्षमा करें
यही तो इस पुस्तक का
सबसे कठिन अध्याय है

अच्छे लोग बुरे लोग

अच्छे लोग
बुरे लोगों से
नहीं मिलते

मिलते हैं
तो बुरे कामों में
शरीक होने के लिए

या फिर उन्हें
सुधारने की गरज से

इससे दोनों का
नुकसान होता है

बुरे लोगों की यह समझ
पक्की होती जाती है
कि दुनिया वैसी ही है
जैसी उन्होंने देखी है

मतलबी काइयाँ मक्कार -
एक ऐसी जगह
जहाँ सीधी उँगली से
घी तो क्या

कुछ भी नहीं निकलता

दूसरी ओर
अच्छे लोगों के लिए
अच्छा बने रहना
और मुश्किल होता जाता है

जहाँ तक सुधरने का सवाल है
उसका तो प्रश्न ही नहीं उठता
फिलहाल

दरअसल
सुधरने की जरूरत
सबसे पहले
अच्छे लोगों को है

ताकि वे
बुरे लोगों को
बहुत बुरा न समझें
न ही अपने को
बहुत अच्छा

प्रकृति में
पहाड़ और समुद्र
दोनों अच्छे लगते हैं

मानवता को
समतल होना चाहिए·

गांधी

चाहे कोई माने या न माने
तुममें राष्ट्रपिता का भाव था

छोटे से बड़े तक
गरीब से अमीर तक
उत्तर से दक्षिण तक
अछूत से ब्राह्मण तक

और हाँ
देशी से विदेशी तक

सभी तुम्हारे लिए
बच्चों की तरह थे
धूल में लिपटे
भूखे और प्यासे
सुंदर से सुंदर कपड़े में भी
दाग-धब्बे लगाए हुए

संतान के लिए अपने को
जिस हद तक
खाली किया जा सकता है
तुमने किया

दूसरों के काम आने के लिए
जितना निहायत जरूरी था
उतना ही लिया

यह स्वीकार करते हुए
घिन आती है
तुम्हारे ही एक बच्चे ने
तुम्हें किनारे लगा दिया
और दूसरे बच्चे
खुद किनारे लग गये

वे भी
कम निकृष्ट
नहीं हैं
जो अपनी-अपनी क्षमता भर
तुम्हारा स्वाँग भरते हैं

घिन ही है
अचरज नहीं
क्योंकि बड़े आदमियों के
बच्चे ज्यादातर ऐसे ही होते हैं
कुछ क्रांतियों का हश्र तुमने देखा था
कुछ का हम देख रहे हैं

दूसरे

दलितों को छूने से
बचते हुए
हिंदुओं ने कहा :
हम दूसरों से बेहतर हैं

औरतों को
नकाब पहनाते हुए
मुसलमानों ने कहा :
बेहतर हैं हम दूसरों से

जहाँ भी गए
गुलामी की संस्कृति फैलाई
उन ईसाइयों ने कहा :
दूसरों से बेहतर हैं हम

पूरे-पूरे देश को
जेल में तब्दील करने वाले
कम्युनिस्टों का दावा था :
हम दूसरों से बेहतर हैं

जिनके यहाँ
कुछ भी करने की आजादी थी
यहाँ तक कि

भूख से मरने की भी
पूँजी के उन रखवालों का कहना था :
दूसरों से बेहतर हैं हम

वे फासिस्ट थे
नस्ल, धर्म और मूल के आधार पर
आदमी को बाँटने वाले
फिर भी
उनका नारा था :
हम दूसरों से बेहतर हैं

सबकी सुन कर
मैं सोचने लगा :
फिर दूसरे बचे ही कौन

दोयम दर्जे की प्रतिभा

इस पृथ्वी पर
सबसे कड़ी सजा है
दोयम दर्जे की प्रतिभा

वह न सुख से जीती है
न शांति से मरती है

बस सुबह-शाम
अपने आपसे झगड़ती है

लेकिन यह तब है
जब वह अपनी असलियत को
जान जाये

अन्यथा
जीवन और जगत की
जटिलताओं से दूर
अपने अधूरेपन का उत्सव मनाते हुए
वह
एक-एक दिन
इस खुशी में
काट देती है कि
यथार्थ जितना उसकी हथेली पर है

उससे आगे देखना
बेकार की मगजमारी है

और इस दुख में कि
उसे जितनी मान्यता मिली है
वह उससे बहुत कम है
जितने के वह लायक है

दोयम दर्जे की प्रतिभा
अपने आपसे
जरूरत से ज्यादा नफरत करती है
या फिर उससे ज्यादा प्रेम
जितना आदमी को
स्वस्थ रखने के लिए जरूरी है

आदमी का चेहरा

ईश्वर और क्रांति में
यही फर्क है
वह नहीं हो कर भी
होता है
यह हो कर भी
नहीं होती

मजे की बात
यह है कि
दोनों में ही
आदमी का चेहरा
दिखाई देता है

ये दिन

वह उत्सुक थी
अपना सब कुछ उलीच देने को
कोई लेनेवाला नहीं था

वह बेचैन था
प्यार का कथानक नहीं
उसकी कविता पाने को
कोई देनेवाला नहीं था

वह
प्रतीक्षा करती रही
कामना की तनी हुई प्रत्यंचा से
छूटा हुआ तीर कहाँ तक जाता है
वह अनंत में पता नहीं कहाँ बिला गया

वह कोशिश करता रहा
एक सुंदर-सा किला बनाने की
जिसमें वह आजीवन सुख से रह सके
उसका निर्माण कार्य पूरा न हो सका

हे भगवान
कैसे दिन आ गये हैं

लगभग

ऊब गया हूँ मैं
लगभग देश में रहते
लगभग समाज में जीते
और लगभग व्यक्तियों से मिलते हुए

जो प्यार मिला
वह लगभग था
जो सम्मान मिला
लगभग था वह और भी ज्यादा
जो आत्मीयता पायी
वह तो लगभग से भी बहुत कम थी

घृणा थी पूरी
पूरा था परायापन
और दूरियाँ?
वे सिर्फ इसलिए पूरी नहीं हो सकीं
क्योंकि भूगोल ही नहीं
इतिहास भी आड़े आता था

इस पूर्णता का जवाब
उस अपूर्णता से कैसे दिया जाए?
थक गया हूँ मैं
पूर्णता का पीछा करते हुए

मुझे डर है
किसी रोज
अपनी ही ऊब से ऊब कर
किसी अपूर्णता की बाँह थाम न लूँ
यह कहते हुए कि
जीना अगर असंभव की तलाश है
तो जितना भी छोटा हो
यही मेरा आकाश है

आकांक्षा

कितनी बड़ी है मेरी धरती
कितना छोटा है मेरा आकाश

कितने ऊँचे हैं मेरे लक्ष्य
कितने बौने मेरे प्रयास

कितने प्रेम का ऋण है
मुझ पर
कितनी कृतज्ञताएँ
कितने आह्वान कितने स्वीकार
स्मृतियों की पूरी रंगशाला
जिसमें एक एक्टर छोटा-सा मैं

कहाँ-कहाँ भटका हूँ
सभ्यता के निविड़ एकांत से
उसकी अनंत सीमाओं तक

कहीं खून दिया
कहीं पसीना बहाया
कहीं से शक्ति हासिल करने में
किसी से पीछे नहीं रहा
फिर भी

बित्ते भर का भी नहीं है
मेरा भूगोल

कितना कुछ बाकी है
देखने जानने
उससे भी ज्यादा
शरीक होने को

कितने गीत
जो अनगाए रह गए
कितनी कहानियाँ
जो शुरू भी नहीं हो सकीं
कितने स्वप्न जिन्हें देखने तक का
समय नहीं मिला

महत्वाकांक्षा बुरी होगी
आकांक्षा तो मानवीय है
जो नींद आने के
ठीक पंद्रह मिनट पच्चीस सेकंड पहले
आँखों में फेंक देती है यह प्रश्न :
आदमी हमेशा
अपने आपसे छोटा क्यों होता है

पात्रता

मुझे प्यार करो
जब भी मैंने यह माँग की
वचन से भंगिमा से
या प्रतिदान की आशा में

प्यार पाने की
मेरी पात्रता
कुछ और कम हो गई

अपनी अधीरता में
मैं यह भुला बैठा
यह वह इलाका है
जहाँ प्रतीक्षा भी गुनाह है

शर्म

सुख की चिता से
फूल चुन कर
अवसाद की नदी में
बहाता हूँ

फिर हाथ डालता हूँ
इस गहरी नदी की तलहटी में
और पाता हूँ
यहाँ हड्डियाँ ही हड्डियाँ हैं

आदि मानव से
उत्तर-आधुनिक मनुष्य तक की

एक-दूसरे से लिपटी
रोती गाती
ठिठोली करती

तब
शर्म आने लगती है
अपने छोटे-से दुख पर

वह

वह
टॉफ़ी नहीं है
जो तुम्हारे मुँह में घुल जाए

न लोहा
जिसे पिघलाने के लिए
पसीने से तर-बतर हो जाना पड़े

न ही हवा है वह
जिसका स्वभाव
खाली जगह को भरना है

पानी तो उसे समझना ही मत
जिसकी अपनी
कोई सतह नहीं होती

लेकिन
तुम मेरी ही निगाह से देखो
जरूरी नहीं है

संभव है
बहुत संभव है
तुम्हें वहाँ कोई और मिले

मेरा अनुभव
जितना भी व्यापक हो
वह तुम्हारी सीमा क्यों बने

वाक्य

वाक्य लिखो
तो पूरा
अधूरा वाक्य
दूसरों का अपमान है

वाक्य लिखो
तो पारदर्शी
धुँधला वाक्य
दूसरों के साथ छल है

तुम जो कहना चाहते हो
उससे कम मूल्यवान
वह नहीं है
जो कहा जा रहा है

परिचय

मैं झील हूँ
जितना पानी उलीचा जाएगा
उतना ही भरता जाऊँगा

जमीन पर बिछी हुई घास हूँ मैं
जितना काटोगे
उतना ही बढ़ूँगा

मैं वह पत्र हूँ
जिसे जितनी बार पढ़ा जाता है
उतने ही नए अर्थ खुलते हैं

वह पुस्तक
जिसका एक नया संस्करण
रोज प्रकाशित होता है

आकाश हूँ
बादल मुझे ढकते नहीं
भरते हैं

बादल हूँ
जो बरसने के लिए
पात्रता की परवाह नहीं करते

जल भी
जो कभी बर्फ हो कर
सिकुड़ जाता है
तो कभी
भाप बन कर उड़ जाता है

लेकिन
उसका सौवाँ हिस्सा भी नहीं
जो मैं होना चाहता हूँ
या जैसा होने की उम्मीद दूसरे करते हैं

रुलाई

अँधेरा था
तुम थी और
मेरी कामना थी

दिक्कत बस इतनी थी
कि इनमें
कोई सामंजस्य
नहीं था

वयस्क होने के बाद भी
आ सकती है रुलाई
यह अनुभव
नया नहीं था मेरे लिए

बस यह पता नहीं था कि
वह मेरे साथ-साथ चलती है

पत्ता हिलता है

पत्ता हिलता है हवा से
मैं हिलता हूँ कृपा से

बर्फ गलती है ताप से
मैं गलता हूँ आप से

पंछी को घर चाहिए
गीत को स्वर चाहिए
जो कभी बहकने न दे
मुझे ऐसी नजर चाहिए

विवाहित स्त्री का पत्र

पत्र पूरा करने के बाद
उसने लिखा : आपकी सस्नेह
फिर कुछ देर तक 'सस्नेह' को घूरती रही
और उसे काट दिया

लेकिन चैन नहीं मिला
'आपकी' अकेला था
तब भी खटक रहा था

उसे भी काटा और
उसकी जगह लिखा : भवदीय

अब जा कर कुछ तसल्ली हुई

पत्र को
लिफाफे में डाल
लिफाफे को गोंद से
अच्छी तरह चिपका कर
वह सोने की कोशिश करने लगी

विवाह के बाद
किसी अन्य पुरुष को
यह उसका पहला पत्र था

दफ्तर की लड़की

जब वह पहली बार आई
मेरे दफ्तर में
तभी से मैं
उस पर लट्टू हूँ

पहले
उसकी सुंदरताई पर
गढ़न पर
लुनाई पर

फिर उसके
व्यक्तित्व के पकाव पर
सीधे-सरल सुभाव पर

उसके बाद लुभाया मुझे
उसके ज्ञान ने
मेहनत और स्वाभिमान ने

इस बीच
उसने भी कई बार
मुझे इस तरह देखा
जैसे वह बिंदु हो
और मैं रेखा

फिर हमने
अपने-अपने मन में
तय किया
आगे न बढ़ना ही उचित है

सीधी-सी बात थी
मैं भी विवाहित हूँ
वह भी विवाहित है

अकबर* की याद में

सर हो औरों का तो फेरो छुरा कंघी की तरह
देश से प्यार करो तो करो संघी की तरह

बोलेगा आयुर्वेद ही दुनिया में बेस्ट है
पाइल्स का इलाज भी बाहर कराएगा
अखबारों में छपवाएगा रथयात्रा की न्यूज
फिर शौक से वह टोयटा में बैठ जाएगा

अनपढ़ गरीब भूखा है तो इससे क्या हुआ
सूची में हिंदुओं की उसका नाम आएगा
उसको भी जाके राम-राम संघ का कहो
हिंदुत्व के हाँके में वह भी काम आएगा

दावा है कि सरकार हमारी उदार है
कहते नहीं कि देश पे कितना उधार है
मंदिर मिला तो हाइवे का रुख बदल दिया
मस्जिद मिली तो पूछा ये किसका मजार है

पढ़ता है वेद जेब में रखके वो मोबाइल
क्या जाने कब आ जाए एसएमएस कि उठ औ' किल

---

* अकबर इलाहाबादी

जिस शहर में नहीं है इक अच्छा-सा अस्पताल
हसरत है वहीं राम का मंदिर बनाएँगे
हिम्मत नहीं अधर्म से टकराव मोल लें
ख्वाहिश है यह कि धर्म का जलसा मनाएँगे

ज्योतिष पढ़ाके कार उन्होंने खरीद ली
बाइक न मिली हम रहे साइंस पे लिखते
मंदिर बनेगा कब जो पूछा हँसके वे बोले
भगवान के ग्रह आजकल अच्छे नहीं दिखते

उनके जुलूस में नहीं जो बीबियाँ दिखीं
हिंदू हृदय सम्राट से पूछा वे हैं कहाँ
कहने लगे कि बेलती होंगी वे रोटियाँ
हिंदुत्व के इस यज्ञ में उनकी जगह कहाँ

पूछा कि इतना माल कहाँ से उड़ाते हैं
बोले कि हम वीएचपी की शाखा चलाते हैं

पाँच सौ मारे हैं मारेंगे अभी हम इतने और
मैंने पूछा भाई साहब क्या ये अच्छा काम है
बोला अच्छा या बुरा यह राम जानें अपन को
दिन में दंगा रात को दारू बड़ा आराम है

ठान ली है हमने कुछ करना नहीं अब आड़ में
आए हिंदू राज चाहे मुल्क जाए भाड़ में

कर्तव्य

अपनी करुणा
अपने पास रखो
देना ही चाहते हो
तो न्याय दो

अपने ही पास रखो
अपना सद्‌भाव
दर्द बहुत है
तो बराबरी दो

मैंने कब कहा
तुम्हारी कृपा चाहिए
दे सको
तो थोड़ी-सी इज्जत दो

जो हर चीज को संभव बनाती है
उस आजादी की भी
कामना
क्यों न करूँ

मैं तुमसे कुछ माँग रहा हूँ
ऐसा तो नहीं सोच रहे हो तुम

अरे नहीं
मैं तो सिर्फ
तुम्हारे कर्तव्य गिना रहा था

रेल में चुंबन

भारतीय रेल के
दूसरे दर्जे के अनारक्षित डिब्बे में
टूटी पड़ी भीड़ की नजर से बचा कर
एक नौजवान ने
अपनी नवोढ़ा पत्नी का
मुँह चूम लिया

गाँव के
अपने अधबने मकान में
मेहमानों की जासूस नजरों को
धता बताते हुए
वह अपनी यह
बरसों से दबी
छोटी-सी पवित्र इच्छा
पूरी कर सकता था

अथवा
एक सौ पैंतालिस किलोमीटर दूर
अपनी ननिहाल में भी
जहाँ वह जा रहा था
अपनी टुटही नौकरी से
पाई हुई छुट्टी का

आखिरी हफ्ता बिताने
आराम और निश्चिंती के साथ

लेकिन छुकछुक चलती रेल के
नीम-उजाले डिब्बे में
जहाँ अपरिचितों की भीड़ के अलावा
कोई और दबाव नहीं था
अपनी जान-पहचान की
सबसे सुंदर युवती के
अचकचाए होठों पर
होठ रख देने का
रस ही कुछ और था

युगबोध

थोड़ा-सा उठो
ज्यादा गिरो

चुटकी भर बाँटो
बित्ता भर छाँटो

सोचो कम
करो ज्यादा

पल भर में बिछ जाओ
जहाँ मिले मादा

व्यक्ति न रहो
संस्था बन जाओ

असहमति दिखते ही
फण-सा तन जाओ

भारत में क्या है
घूमो सारी दुनिया

कुछ भी रचो मत
बने रहो धुनिया

पता करते रहो
आजकल क्या बिकता है

दूसरों से पूछो
क्या यही नैतिकता है

धोते रहो हाथ
बहती रहे गंगा

चाहे लोग भूखे हों
देश फिरे नंगा

कवि से

कवि जी ऐसा भी कुछ लिखिए
जिसमें थोड़ा-खुश दिखिए

कठिन समय है क्रूर लोक है
जिधर देखिए उधर शोक है
लेकिन हमें डराते क्यों हैं
रह-रह अश्रु बहाते क्यों हैं

हँसिए थोड़ा-सा तो हँसिए
जीवन में कुछ गहरे धँसिए

जीने में अब भी जो रस है
जिस पर अपना भी कुछ बस है
उसके गीत लिखेगा कौन
ठीक नहीं कविवर यह मौन

अपने दुख की गाँठ खोलिए
पर ऐसा भी क्यों न बोलिए
जिसमें थोड़ा राग-रंग हो
मस्ती ठट्ठा हो तरंग हो
कभी-कभी तो हलका दिखिए
सुख में कलम डुबा कर लिखिए

महानता

अपने को महान बताना
शर्म की बात है

लेकिन देश को महान बताने में
कौन पीछे रहता है

यहाँ तक कि वह भी नहीं
जिसे लोग अकसर
कुत्ते के रूप में जानते हैं

मेरे देश
हो सके तो
महान बनने की
कोशिश करना

नहीं बन पाओ
तब भी कोई हर्ज नहीं है

फिलहाल तो इतना ही काफी है
तुम थोड़ा-सा सच्चा
थोड़ा ईमानदार
और कुछ ज्यादा संवेदनशील
बन कर दिखा सको

तुम्हारे महान हुए बिना
हमारा काम चल सकता है
लेकिन तुम्हारी मक्कारी से
सबको चावल नहीं मिलेगा
मिल भी गया तो
हर कौर में एक कंकड़ जरूर होगा

कविता

कविता नहीं बिकती
मुँह बिचकाते हुए
प्रकाशक ने बताया

पाठक नहीं रहे कविता के
पत्र संपादक ने
राग अखबारी सुनाया

कविगण संतप्त हैं
अब निमंत्रण आते नहीं
रेडियो तक से
टीवी पर तो पहले भी
कोई नहीं बुलाता था

कविता की नहीं होती रिकॉर्डिंग
न वीडियो कैसेट बनते हैं

फिर भी वह लिखी जाती है
और कुछ कम भी नहीं
भले ही तीन सौ पैंतालिस (या, छियालिस?)
पाठकों के लिए

मैंने लंबी साँस लेते हुए सोचा
चलो कुछ तो बाजार से बाहर है
अभी भी

जैसे
पहला-पहला प्रेम

युवा प्रेम

गोरी-गोरी बाँहें उसकी
चिकने-चिकने गाल
गहरी-गहरी आँखें उसकी
लगें तनिक बेहाल

मिली मुझे वह माल रोड पर
लिए मोबाइल हाथ
कुछ ही मिनटों में था
उसका साथी उसके साथ

युवा प्रेम के मृदु झोंकों से
छलक रहा था जाम
आओ उन्हें काम करने दें
हम पाएँ विश्राम

बाँधो न नाव*

बाँधो न नाव इस ठाँव बंधु
थूकेगा सारा गाँव बंधु

यह वही घाट जिस पर नेता
तिकड़म की नौकाएँ खेता
जिससे जो मिल जाए लेता
देता है सबको दाँव बंधु

तुम भी हो जाओगे ऐसे
पापों की हो गठरी जैसे
हाथों में पैसे ही पैसे
कीचड़ में दोनों पाँव बंधु

बाँधो न नाव इस ठाँव बंधु
थूकेगा सारा गाँव बंधु

---

* संदर्भ : निराला का इसी शीर्षक का गीत

मूल्य

कुछ दुख
अस्तित्व की गुफा से
निकल कर
मेरे पास आए

शेष को मैंने
अपने पास बुलाया

आह तनिक-सा जीने का
कैसा मूल्य चुकाया

झूठ

झूठ बोलना अच्छी बात नहीं है यह किताबों में पढ़ने से पहले ही मुझे घुट्टी में पिला दिया गया था पिता के द्वारा जो कभी-कभी खुद झूठ बोला करते थे और वह भी हमारे सामने फिर मेहमान के जाने के बाद या टेलीफोन का रिसीवर रख कर बड़े प्यार से समझाते थे कुछ लोग ऐसे होते हैं जिनसे सच बोलना मुश्किल है कभी उनको कभी खुद को असुविधा में न डालने के लिए इन दोनों बातों में कोई फर्क नहीं है यह भी मैं बचपन में ही समझ गया था क्योंकि मुझे भी झूठ बोलना पड़ा स्वयं उन्हीं से कभी उनको कभी खुद को असुविधा से बचाने के लिए बावजूद इसके झूठ न बोलने का मेरा कौल बरकरार है क्योंकि मैंने अकसर पाया है एक बार झूठ का चोर दरवाजा खुल जाए तो कई और दरवाजे खुल जाते हैं अपने आप अगरचे अब तक की जिंदगी में कई बार ऐसे मौके आए जब मुझे झूठ पर झूठ बोलना पड़ा सबसे ज्यादा तो अपनों से ही जिनका मुझ पर अगाध विश्वास था लेकिन जो सच को सहन नहीं कर सकते थे और हालात कुछ ऐसे थे कि झूठ के बगैर अपने सच को बचाए नहीं रख सकता था बाकी जो झूठ बोले गए वे जरा व्यावसायिक किस्म के थे यहाँ भी मैं झूठ बोलना नहीं चाहता था पर इसका क्या करता कि इस अन्यायी व्यवस्था में सच हमेशा न्याय की ओर नहीं ले जाता इसीलिए खूब सोच-समझ कर मैं यह प्रस्ताव करता हूँ मित्रो कि पाठ्य पुस्तकों में यह भी लिख दिया जाना चाहिए कि किसी को झूठ बोलने के लिए बाध्य मत करो नहीं तो इसका पाप तुम्हें भी लगेगा क्योंकि झूठ बोलना गलत है तो झूठ सुनना उससे भी ज्यादा गलत है आखिर सच के सुख को भूल कर झूठ बोलना कौन चाहता है खास तौर से जब बचपन में ही रटा दिया जाता हो कि झूठ बोलना अच्छी बात नहीं है

जहाँ

जिस सभा में
एक भी स्त्री न हो
वह सभा अलोकतांत्रिक है

जिस मंदिर में
एक भी दलित न जाता हो
वहाँ भगवान नहीं रह सकता

झूठा है
कृषिशास्त्रियों का वह सेमिनार
जिसमें एक भी किसान
मौजूद न हो

वह कारखाना अनैतिक है
जिसके निदेशक मंडल में
मजदूर न हो एक भी

जिस संसार में पीड़ित लोगों की
सुनने वाला कोई न हो
उसे, सर, क्यों बचे रहना चाहिए

के बिना

मैंने सोचा
धन के बिना जी लूँगा
नहीं हुआ

मुझे लगा प्रेम के बिना जी लूँगा
जितना हुआ
उससे ज्यादा नहीं हुआ

अनुमान था मेरा
ख्याति के बिना जी लूँगा
हो सकता था
पर नहीं हुआ

मैंने तय किया
आत्म के बिना जी लूँगा
और लो हो गया

बिको, बिको, जल्दी बिको*

बिको, तुम पर निगाह रखी जा रही है

बिको, सिसकते हुए मत बिकना क्योंकि उसकी कड़वाहट
पकड़ ली जाएगी और तुम मारे जाओगे
ऐसे बिको कि बहुत दुखी न लगो
वरना शक होगा कि तुम खुशी-खुशी बिकने वालों में नहीं हो
और मारे जाओगे

बिकते-बिकते किसी को जानने मत दो तुम बिकते हो
सबको मानने दो कि तुम सबकी तरह मस्त हो कर
एक बिकवाली की हँसी हँसते हो
जैसे सब बिकते हैं हँसते हुए

जितनी देर बाजार में बोली लगते रहे उतनी देर
तुम बिकते जाना उछल-उछल कर
बोली थमते-थमते फिर बिकना
क्योंकि तुम अनबिके मिले तो विद्रोह के जुर्म में फँसे
अंत में बिके तो तुम पर सब हँसेंगे
और उस हँसी में तुम डूब जाओगे

---

* संदर्भ : रघुवीर सहाय की कविता 'हँसो, हँसो, जल्दी हँसो'

बिको, पर मोल-भाव से बचो
उसमें तर्क है
कहीं उसमें गुस्सा न हो जो किसी ने नौ साल पहले भरा था

बेहतर है कि जब कोई मारने आए तब बिको
ताकि किसी संघर्ष का कोई मतलब न रहे
और ऐसे मौकों पर बिको जो कि अनिवार्य हों
जैसे डिग्री मिलते ही
या जमी-जमाई नौकरी छूट जाने के बाद
जब कोई भविष्य दिखाई न देता हो
जहाँ कोई कुछ नहीं कर सकता
तुम्हारे साधन-संपन्न मित्र के सिवाय
और वह भी अकसर बिकता है

बिको, बिको, जल्दी बिको
इसके पहले कि वे चले जाएँ
उनसे हाथ मिलाते हुए नजरें नीची किए
उन्हें याद दिलाते हुए बिको
कि तुम कल भी बिके थे

गवाही

निराला ने उसे देखा था
इलाहाबाद के पथ पर
वह तोड़ती पत्थर

यही कोई पचास-साठ साल पहले

देश हूकता था तब
अविकास के अँधेरे में
गरीबी आज से ज्यादा थी
निरक्षरता उससे भी ज्यादा

फिर भी
इतने बड़े शहर में
वह एक थी अकेली थी
तोड़ती पत्थर

अब खासे विकसित हैं हम
सरकारी गोदामों में अनाज के जितने बोरे हैं
उनसे कहीं ज्यादा हैं सड़कों पर कारें
उँगलियों पर कंप्यूटर
कानों में फोन
और बैंकों में रुपए

फिर भी दिल्ली से कलकत्ता तक
वह मुझे मिल ही जाती है
आठ-दस की टोलियों में
पत्थर तोड़ते मिट्टी खोदते
ईंट ढोते गारा डालते

कवि भी असंख्य हैं
कविता में जहाँ भी खाली जगह पाते हैं
बड़े प्यार से उसे ले जा कर बैठाते हैं

लेकिन बेकार

निराला के समय भी
न कोई कुत्ता भौंका
न आज भौंकता है

तो क्या कविगण
अपनी कलम तोड़ दें
या
दर्द का इतिहास
लिखना छोड़ दें

नहीं
इसीलिए तो
जरूरी है
और भी जरूरी है
हम इस जारी मुकदमे में
अपनी गवाही जोड़ दें

ईश्वर के बगैर

(1)

बहुत दिन
मैंने काम चलाया
ईश्वर के बगैर

अब जबकि
बचे हैं
दस या पंद्रह बरस
ज्यादा से ज्यादा बीस
– जब आप हस्तक्षेप नहीं कर सकते
उसके बाद जीना
अपने प्रति निष्ठुरता है –
मुझे ईश्वर की
कोई जरूरत महसूस नहीं होती

जिसे मैंने जाना नहीं
उसकी शरण खोजना
बादलों के बीच
तंबू तानने की तरह है

जिन्हें इतनी ऊँचाई पर
घर चाहिए

उनके लिए
मेरे पास कोई शब्द नहीं है

सभी को
अपनी-अपनी दुनिया में
रहने का हक है
वह हो अथवा नहीं

जैसे मुझे
ईश्वर के बिना
जीने का
वह हो अथवा नहीं

(2)

ईश्वर अगर मेरी दुनिया में
आता है
सभ्यता की खाइयों में
खून की नदी बहाता है
भले लोगों को दुष्ट बनाते हुए
सच और अफवाह की सीमाएँ मिटाते हुए
चाहे जिस रंग का हो उसका लबादा
उसे मैं तार-तार करूँगा
जिस-जिस तक
मेरी आवाज जाती है
उसे खबरदार करूँगा
देखो
जरा गौर से देखो

जिसे तुम ईश्वर समझ रहे हो
वह हमारे ही मुहल्ले का गुंडा है

किसी के ईश्वर का
मजाक उड़ाना नहीं चाहता मैं
अगर वह ईश्वर है
जो भी जैसा भी

पर ईश्वर के नाम पर
मनुष्य की स्वतंत्रता पर
आघात होगा
तो मुझसे
चुप रहने की उम्मीद न की जाए

(3)

उन सभी को मेरा सलाम
जिन्होंने देखा है
अच्छाई का सूर्य
अपने ईश्वर के आकाश में

वे न होते
तो दुनिया शायद और बुरी होती
और ज्यादा खुदगर्ज
और ज्यादा मक्कार

पुराने कैलेंडर पलटो
तो पाओगे

ईश्वर हमारी अजीबोगरीब दुनिया में
आया ही इसलिए था
कि यह दुनिया अजीबोगरीब थी

जितनी तब थी
उतनी ही आज भी

जरा सोचो
कितनी लंबी है ईश्वर की उम्र
और उसकी थकान
जिसके बाद भी उसके रिटायर होने का
सवाल नहीं पैदा होता

क्योंकि दुनिया को
अच्छाई की धूप चाहिए
और ज्यादातर लोगों को
दिखता है
यही एक सूर्य

लेकिन यह सिर
किसी और के आगे नहीं
उस अच्छाई के आगे झुकेगा
जिसका श्रेय ईश्वर को दिया जाता है

क्योंकि
अच्छाई के और भी सूर्य
देखे गए हैं इतिहास में
और आज भी दिख जाते हैं
ईश्वर के एकाधिकार को तोड़ते हुए

रोको

रोको
अपने को रोको
उसके बहुत पहले
जब तुम गिरनेवाले हो

लालच के दरवाजे को
धकेल देने के बाद
पीछे मुड़ जाने के लिए
असाधारण वीरता की जरूरत है

शाबास

गुमसुम-सी रात थी
स्मृति एक साथ थी

दृश्यों का मेला था
और मैं अकेला था

यथारथ को पीस कर
तीन को ही तीस कर

जीने के जतन में
होने के गहन में

ऊभ-चूभ होता था
जगता था न सोता था

साँस एक आती थी
साँस एक जाती थी

वक्त था रुका हुआ
बोझ से झुका हुआ
रिश्ते सब झूठे थे
जोड़ सभी टूटे थे

जाने को जगह नहीं
आशा की वजह नहीं

दोस्त थे मित्र थे
पर सभी विचित्र थे

दुनिया थी कहने को
था न कहीं रहने को

फिर भी संसार था
नफरत थी प्यार था

करने को काम थे
समस्त ताम-झाम थे

कमाने को पैसा था
ऐसा था या वैसा था

खर्च के उपाय थे
तमाम हाय-हाय थे

कहीं कुछ कमी न थी
जिंदगी थमी न थी

जी रहा था शान से
पूरे आन-बान से

मेरी इस हिम्मत पर
शाही तबीयत पर

वाह-वाह कीजिए
शाबासी दीजिए

कैद

उसकी नाभि को
सहलाते हुए
यह खयाल आया
इसी के आसपास थी
वह जगह
जहाँ नौ महीने से कुछ ज्यादा का समय
मैंने गुजारा :
यह मेरी कैद की शुरुआत थी

क्या यह मेरी कैद का अंत है
उसके अंक में
बूँद-बूँद
निःशेष होते हुए
मैंने पूछा अपने आपसे

पिछले एक हजार दो सौ पंद्रह बारों की तरह
इस बार भी
उत्तर हाथ में आ कर
फिसल गया

सजा

किस बात की सजा
दे रहे हो प्रभु
किस बात की

सच है
मैंने किसी को प्यार नहीं किया
और चाहता रहा
हर कोई चाहे बस मुझी को

सच यह भी है
मैंने हमेशा ध्यान रखा
अपनी ही सुख-सुविधाओं का
दूसरों के सुख की परवाह कभी नहीं की

जब तक बस में चला
कारवालों को कोसता रहा
जब अपनी कार में बैठा
तो बसें मानव विरोधी जान पड़ने लगीं

पत्नी से भागा
और प्रेमिका में समाया

वहाँ भी जगह कम पड़ी तो
पत्नी के पास लौट आया

दफ्तर को समझा
युद्ध क्षेत्र
जहाँ हर कोई मेरा दुश्मन था
अपना दोस्त सिर्फ मैं

क्या इसी सब का नतीजा है
दिन-रात का यह असुख
अस्तित्व की यह टूट-फूट
पोर-पोर में एक अव्यक्त-सा दर्द

लेकिन मैं ही क्यों
प्रभु
सारी सजा
मुझे ही क्यों

जहाँ तक नजर जाती है
सभी तो यही कर रहे हैं

तुम्हारी याद

तुम्हारी याद आती है
किसी संस्मरण की तरह नहीं
एक स्वप्न की तरह

तुम पल-छिन मेरे साथ होती हो
राह की तरह नहीं
लक्ष्य की तरह

मैं खुद को नहीं
तुम्हें ही जीता हूँ
अपने को स्थगित कर नहीं
अपना विस्तार करते हुए

असह्यता का गीत

जो दिल में है खुल कर कहें
आओ कि थोड़ा कम सहें

अन्याय है अविचार है
हर आदमी लाचार है
जनतंत्र होना था जहाँ
बाजार ही बाजार है

शासक सभी नाकारा हैं
ऐयाश हैं आवारा हैं
बेदर्द हैं मक्कार हैं
सौ फीसदी बीमार हैं

उनकी रहेगी मौज गर
चुपचाप हम सहते रहें

नजरों को जो घुमाओगे
तो आसपास पाओगे
यहाँ भी तुम शिकार हो
बेआबरू बेजार हो

इन पर भी धावा बोलना
परदा दिखे तो खोलना

हरदम हमीं गम खाएँ क्यों
अपने हैं तो सताएँ क्यों

अपनी बनाएँ लीक हम
क्यों क्षुद्र धारा में बहें

आओ कि थोड़ा कम सहें
जो दिल में है खुल कर कहें

संतोष

उसकी शक्ल से
लग रहा था
कल रात वह बुरी तरह
धुनी गई होगी
बिस्तर में

फिर भी उसकी आँखों में चमक थी

क्या यह संतोष
कि चलो वह किसी के तो काम आई

या, उसने भुलावे में रखा
एक आदमी को
अपनी निरी देह दे कर

आगे-पीछे

पैदा होने के पहले ही
मैं दे दिया गया था
किसी जाति किसी धर्म
किसी देश को
और उस गरीबी को भी
जिसने पता नहीं कितनी जिंदगियाँ
बरबाद की हैं

क्या यह न्याय था?

इनमें से बहुत कुछ को
छोड़ा मैंने
वयस्क होने की प्रक्रिया में
कुछ अभी भी जान को लगे हैं

कुछ अभिमान कुछ जिदें
कुछ पूर्वग्रह कुछ दंभ

क्या यह अनिवार्य था?

हमारे बीच

अपनी वेदनाएँ
तुम अपने मन में रखो
और मैं भी सामने आने न दूँ
अपनी तकलीफों को

आखिर प्यार में भी
कहीं न कहीं बचा रहता है
दर्प
(या
बढ़ जाता है कुछ और)

फिर भी
हम खुशी-खुशी
साथ चलते रहें
मानो कुछ भी न हुआ हो
हमारे बीच

अहंकार

खत्म करो
खत्म करो
अपने अहंकार को

नहीं तो वह
जख्मी होगा
बार-बार

प्यार में
और उसके बाहर भी

चल हट

चल हट
हर किसी की हँसी उड़ाने वाला
घर भाग
बात-बात में शेखी बघारने वाला

चुप रह
हर मामले में राय मत दे
कुछ सह
जिससे-तिससे मदद मत ले

शर्म कर
दूसरों को नंगा करने के पहले
डूब मर
अन्यायी से डरने के पहले

•

कुत्ते

तीन टाँगों वाला कुत्ता
आश्चर्य से अधिक दुख का विषय था

चौथी जख्मी टाँग
जिसे वह उठा कर चल रहा था
ताकि खुले हुए घाव में चोट न लगे
बता रही थी
स्वतंत्र पशुओं की दुनिया में
न डॉक्टर होते हैं न अस्पताल

होती है सिर्फ तकलीफ
नंगी और बेलौस

एक पाँव से लँगड़ाता हुआ बच्चा
जो अकसर लाल बत्ती पर मिल जाता है
असमय अंधी हो गई बुढ़िया
जो जमीन पर एक फटी-सी चादर बिछाए
दिख जाती है बाजार के एक कोने में
थकावट, ऊब और बेजानियत से लुढ़क कर
सड़क के किनारे अर्धनग्न लेटा आदमी
जिसका आधा समय
मक्खियाँ उड़ाते ही बीतता है

कितनी ऐसी छवियाँ लाऊँ
प्रिय पाठक
तुम्हें याद दिलाने के लिए
कि हम इनसानों की दुनिया में
दवाएँ हैं डॉक्टर भी अस्पताल भी
शरीर और आत्मा को पोषण देने वाली
सामग्री भी अशेष
फिर भी
कितने लोग वंचित रह जाते हैं
जीवन में जीवन को पाने से

क्या यह दुख से ज्यादा
आश्चर्य की बात नहीं है

वे कौन हैं
जो इक्कीसवीं सदी के इस आश्चर्य के लिए
जिम्मेदार हैं

सच बताना
क्या तुम्हें भी ऐसा नहीं लगता
कुत्ते सिर्फ लँगड़ा कर नहीं चलते

टूटना

टूट गए सारे भ्रम
टूटे सारे मिथक
टूटीं मोटी-मोटी दीवारें

पीढ़ियों का फर्क टूटा
कइयों का स्वर्ग और
कइयों का नर्क टूटा

बंधन टूटे
नियम टूटे
सत्ताएँ टूटीं
संयम टूटे

टूटे परिवार
बार-बार टूटे
दोस्ती और संबंध के
सभी प्रकार टूटे

नहीं टूटी
तो यह अन्यायकारी व्यवस्था
नहीं टूटी
जो सभी को आगे बढ़ाने का वादा करती है
और ज्यादातर को
पीछे धकेल देती है

कभी-कभी

मैं चलूँ तो
एक भी पत्ता न हिले

बोलूँ तो
सुनाई न दे हवा को भी

आह भरूँ तो
जैसे आँसुओं को शब्द मिले हों

गाऊँ तो ऐसे
मानो सन्नाटा टहलने निकला हो

न किसी की आलोचना करूँ
न प्रशंसा

पढ़ूँ सबको
गढ़ूँ कुछ भी नहीं

रहूँ उसी के साथ
जो मेरे साथ रह सके
जिससे विदा लूँ
वह खुशी-खुशी इसे सह सकें

मेरी जिंदगी में
बेशुमार लोग हों
मयूर विहार से
मेलबार्न तक
लोग ही लोग

मैं न होऊँ
किसी की जिंदगी में

कभी-कभी
मन होता है
इसी तरह कट जाएँ
उम्र के शेष दिन

प्याला
लबालब भर चुका है
अब इसे खाली होना चाहिए